Impressum
Verlag: BABADADA GmbH, Nedderfeld 112 , 22529 Hamburg
Geschäftsführer / Verlagsleitung: Harald Hof
Druck: Books on Demand GmbH, In de Tarpen 42, 22848 Norderstedt

Imprint
Publisher: BABADADA GmbH, Nedderfeld 112 , 22529 Hamburg, Germany
Managing Director / Publishing direction: Harald Hof
Print: Books on Demand GmbH, In de Tarpen 42, 22848 Norderstedt

école

sekoly

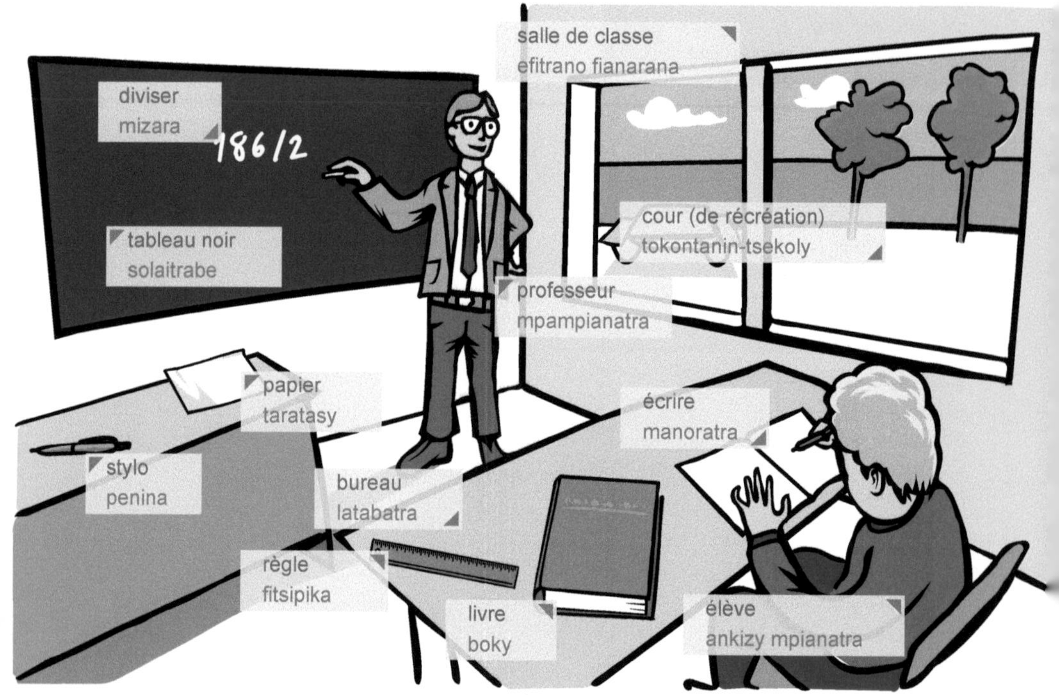
salle de classe
efitrano fianarana
diviser
mizara
186/2
tableau noir
solaitrabe
cour (de récréation)
tokontanin-tsekoly
professeur
mpampianatra
papier
taratasy
écrire
manoratra
stylo
penina
bureau
latabatra
règle
fitsipika
livre
boky
élève
ankizy mpianatra

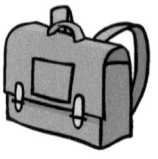

cartable

kitapo

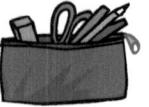

trousse

torosy

crayon

pensilihazo

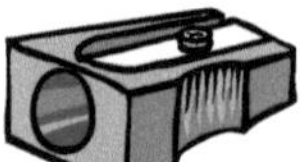

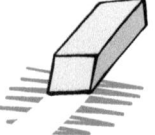

taille-crayon

fandrangitana pensilihazo

gomme

gaoma

carnet à dessin

karne fanaovana sary

dessin

sary

pinceau

borosy fandokoana

boîte de peinture

boaty loko

ciseaux

hety

colle

lakaoly

cahier d'exercices

kahie fampiasàna

devoirs

enti-mody

chiffre

tarehi-marika

additionner

manampy

soustraire

manala

multiplier

mampitombo

calculer

mikajy

lettre

taratasy

alphabet

abidia

mot

teny

texte

lahatsoratra

lire

mamaky

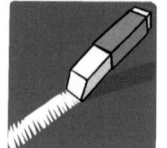

craie

tsaoka

leçon

lesona

livre de classe

boky fianarana

examen

fanadinana

certificat

sertifikà

uniforme scolaire

fanamian'ny mpianatra

formation

fiofanana

lexique

raki-pahalalana

université

oniversite

microscope

mikraoskaopy

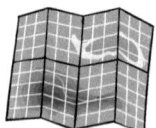

carte

sarintany

corbeille à papier

fanariana fako taratasy

voyage
fitsangatsanganana

hôtel
hôtely
Grand
auberge
tranom-bahiny
ROOMS
bureau de change
toerana fanakalozana vola
CHANGE
valise
valizy
voiture
fiara

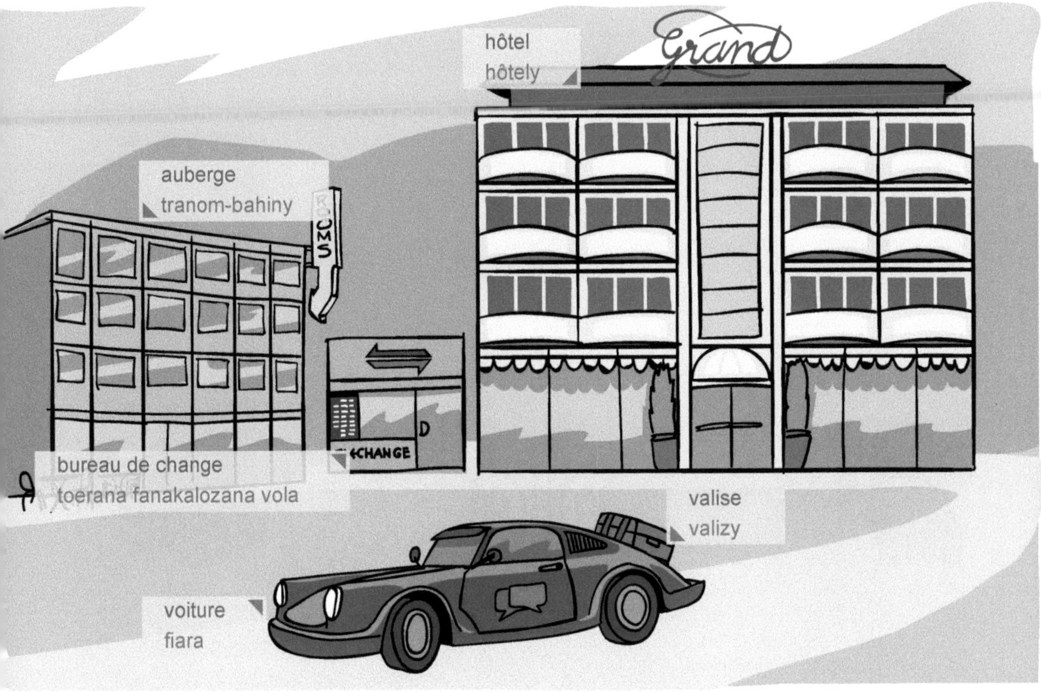

langue
fiteny

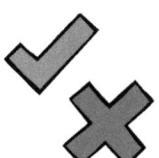

oui / non
eny / tsia

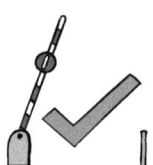

d'accord
Eny àry

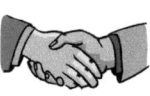

Salut
salama

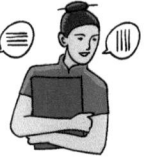

interprète
mpandika teny

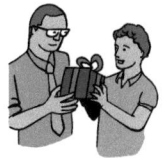

merci
Misaotra

Combien coûte...?

ohatrinona...?

Je ne comprends pas

Tsy azoko izany

problème

olana

Bonsoir !

Salama ô!

Bonjour !

Arahaba tra-maraina e!

Bonne nuit !

Tsara mandry ô!

Au revoir

veloma

direction

fitantanana

bagages

entan'ny mpandeha

sac

harona

sac-à-dos

kitapo

hôte

vahiny

pièce

efitrano

sac de couchage

fandriana enti-tànana

tente

tanty

office de tourisme

birao miandraikitra ny
fizahantany

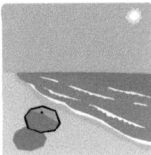

plage

moron-tsiraka

carte de crédit

fahana amin'ny karatra

petit-déjeuner

sakafo maraina

déjeuner

sakafo atoandro

dîner

sakafo hariva

billet

tapakila

ascenseur

ascenseur

timbre

hajia

frontière

tany manasaraka

douane

fadin-tseranana

ambassade

ambasady

visa

visa

passeport

pasipaoro

transport
fitaterana

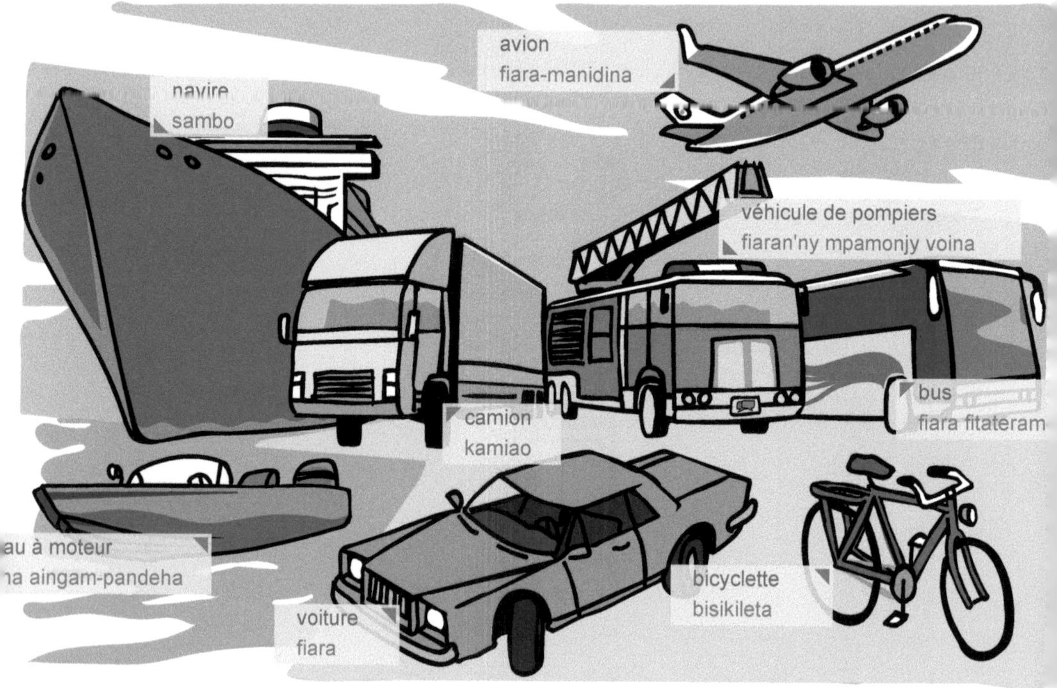
avion
fiara-manidina
navire
sambo
véhicule de pompiers
fiaran'ny mpamonjy voina
bus
fiara fitateram
camion
kamiao
au à moteur
a aingam-pandeha
bicyclette
bisikileta
voiture
fiara

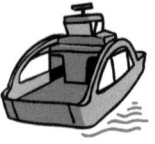

ferry
sambobe

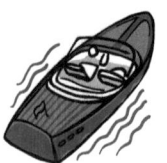

barque
sambo

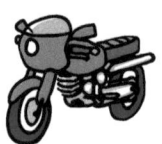

moto
môtô

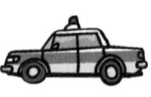

voiture de police
fiaran'ny polisy

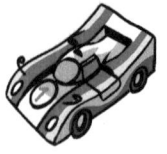

voiture de course
fiara mpihazakazaka

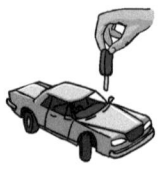

voiture de location
fiara fanofa

auto-partage

zara fiara

voiture de remorquage

fiara etsy babeko

benne à ordures

fiara mpitatitra fako

moteur

môtera

essence

solika

station d'essence

tobin-tsolika

panneau indicateur

tondro fifamoivoizana

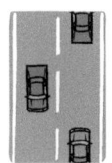

trafic

fifamoivoizana

embouteillage

fitohanan'ny fifamoivoizana

parking

fitobian'ny fiara

gare

fiantsonan'ny fiaran-
dalamby

rails

lalamby

train

fiaran-dalamby

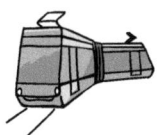

tramway

tramway

wagon

kalesy

hélicoptère

angidimby

aéroport

seranam-piaramanidina

tour

tilikambo

passager

mpandeha

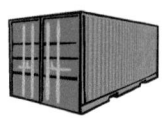

conteneur

kaontenera

carton

baoritra

chariot

chariot

corbeille

harona

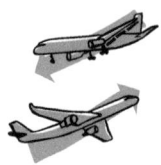

décoller / atterrir

miainga / midina

ville

renivohitra

village

ambanivohitra

centre-ville

afovoan-tanàna

maison

trano

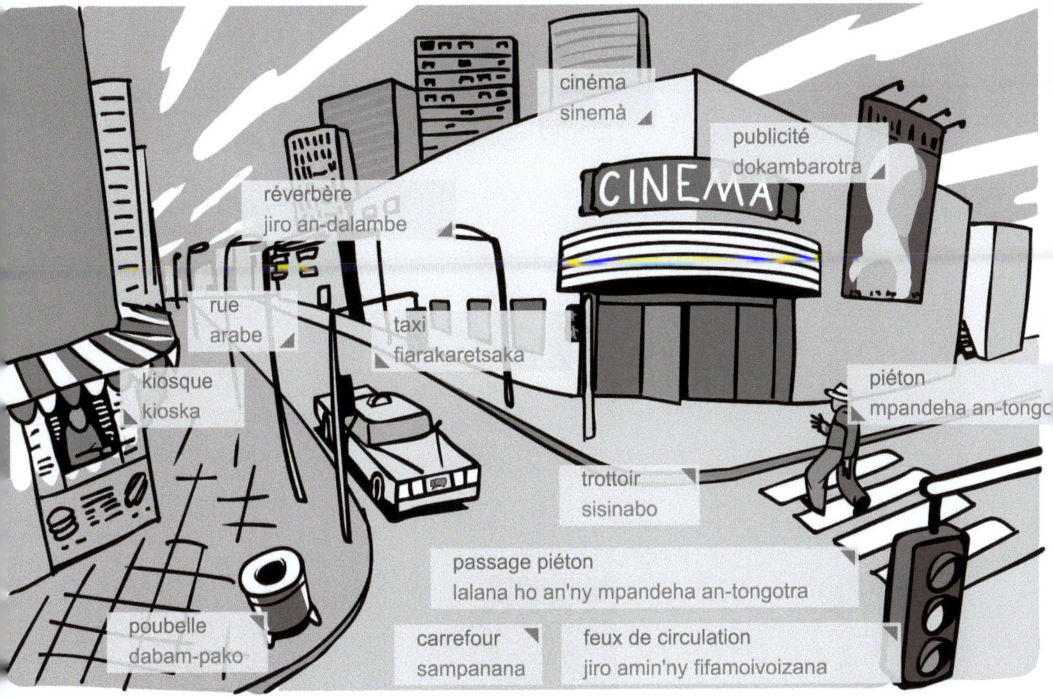

cinéma
sinemà

publicité
dokambarotra

réverbère
jiro an-dalambe

rue
arabe

taxi
fiarakaretsaka

CINEMA

piéton
mpandeha an-tongo

kiosque
kioska

trottoir
sisinabo

passage piéton
lalana ho an'ny mpandeha an-tongotra

poubelle
dabam-pako

carrefour
sampanana

feux de circulation
jiro amin'ny fifamoivoizana

cabane

trano bongo

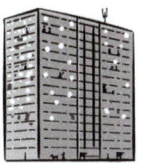

appartement

tranobe

gare

fiantsonan'ny fiaran-
dalamby

mairie

firaisana

musée

donia

école

sekoly

université

oniversite

banque

banky

hôpital

hopitaly

hôtel

hôtely

pharmacie

farmasia

bureau

birao

librairie

fivarotam-boky

magasin

fivarotana

fleuriste

mpivarotra voninkazo

supermarché

supermarché

marché

tsena

grand magasin

tranobe fivarotana

poissonnerie

mpivarotra trondro

centre commercial

toeram-pivarotana lehibe

port

seranana

parc

valan-javaboary

banque

latabatra

pont

tetezana

escaliers

totohatra

métro

metrô

tunnel

tonelina

arrêt de bus

fiantsonan'ny fiara
mpitondra olona

bar

bara

restaurant

toeram-pisakafoanana

boîte à lettres

boatin-taratasy paositra

panneau indicateur

famantarana an-arabe

parcmètre

parcmètre

zoo

valan-javaboary

piscine

dobo filomanosana

mosquée

moskea

ferme

toeram-pambolena

pollution

loto

cimetière

fasana

église

trano fiangonana

aire de jeux

tokontany filalaovana

temple

tempoly

paysage
endritany

feuille
ravina

panneau indicateur
tondro famantarana

chemin
làlana

pré
kijana

pierre
vato

randonneur
mpihani-bohitra

arbre
hazo

rivière
renirano

herbe
bozaka

fleur
voninkazo

vallée

lemaka

montagne

vohitra

lac

laka

forêt

ala

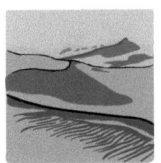

désert

tany hay

volcan

volkano

château

rova

arc-en-ciel

avana

champignon

holatra

palmier

hazom-boanio

moustique

moka

mouche

lalitra

fourmis

vitsika

abeille

tantely

araignée

hala

coléoptère
voangory

grenouille
sahona

écureuil
vontsira

hérisson
trandraka

lièvre
bitro

chouette
vorondolo

oiseau
vorona

cygne
gisabe

sanglier
lambo

cerf
cerf

élan
voalavo

barrage
toha-drano

éolienne
helisy ahodin-drivotra

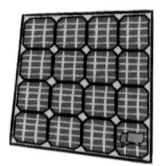

panneau solaire
takela-masoandro

climat
toetr'andro

restaurant

toeram-pisakafoanana

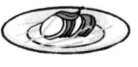

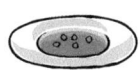

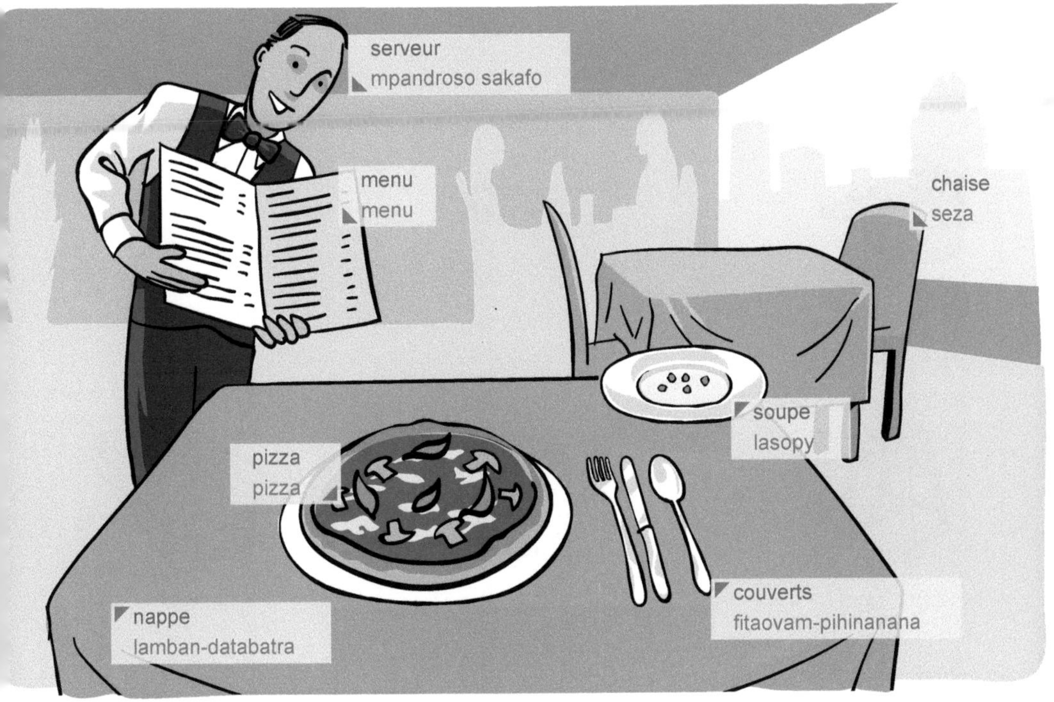
serveur
mpandroso sakafo
menu
menu
chaise
seza
soupe
lasopy
pizza
pizza
nappe
lamban-databatra
couverts
fitaovam-pihinanana

hors d'œuvre

entrée

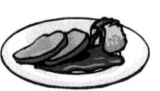

plat principal

sakafo fototra

dessert

desera

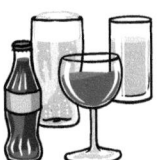

boissons

zava-pisotro

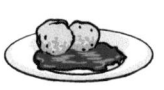

alimentation

sakafo

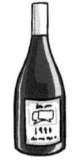

bouteille

tavoahangy

fast-food
fast food

plats à emporter
sakafo an-dalambe

théière
fitoerana dite

sucrier
fitoeran-tsiramamy

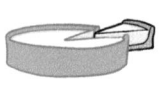

portion
singany

machine à expresso
milina espresso

chaise haute
seza avo

facture
faktiora

plateau
lovia fandrosoana sakafo

couteau
antsy

fourchette
sotrorovitra

cuillère
sotro

cuillère à thé
sotrokely

serviette
servieta

verre
vera

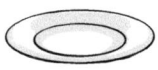

assiette

vilia

assiette à soupe

vilian-dasopy

soucoupe

vilia bory

sauce

saosy

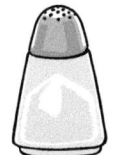

salière

fitoeran-tsira

moulin à poivre

milina dipoavatra

vinaigre

vinaingitra

huile

solika

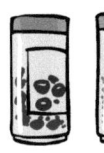

épices

zava-manitra

ketchup

ketchup

moutarde

voan-tsinapy

mayonnaise

maionezy

supermarché

supermarché

offre promotionnelle
fihenam-bidy
FOR
client
mpividy
produits laitiers
sakafo avy amin'ny ronono
fruits
voankazo
chariot
chariot

BUTCHERS

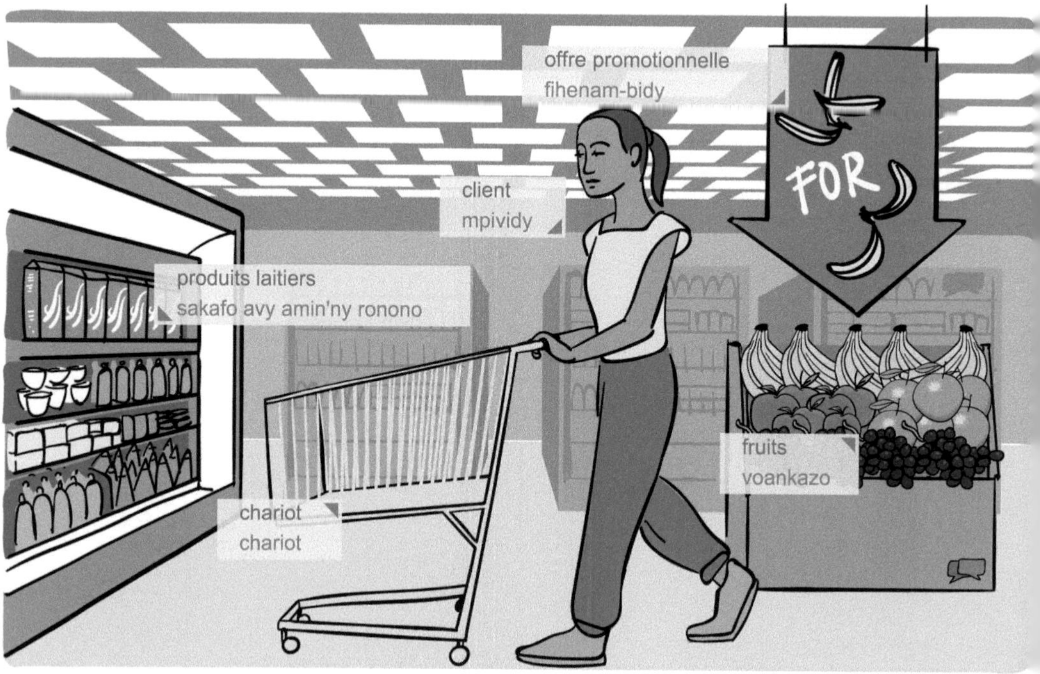

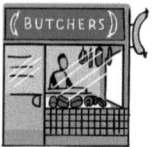

boucherie

mpivaro-kena

BAKERY

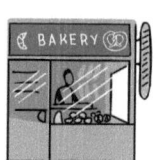

boulangerie

mpivarotra mofo

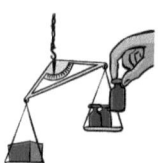

peser

mandanja

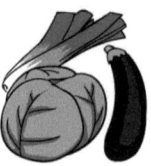

légumes

legioma

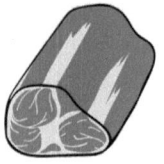

viande

hena

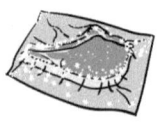

aliments surgelés

sakafo nampangatsiahana

charcuterie

hena voahendy

conserves

sakafo am-by fotsy

poudre à lessive

vovon-tsavony

bonbons

vatomamy

articles ménagers

fitaovana an-tokatrano

détergents

fitaovana fanadiovana

vendeuse

mpivarotra

caisse

toerana fandoavam-bola

caissier

mpandray vola

liste d'achats

lisitry ny zavatra vidiana

heures d'ouverture

ora fiasana

portefeuille

portefeuille

carte de crédit

fahana amin'ny karatra

sac

harona

sac en plastique

harona plastika

eau

rano

jus de fruit

ranom-boankazo

lait

ronono

coca

coca

vin

divay

bière

labiera

alcool

toaka

chocolat chaud

sôkôlà mafana

thé

dite

café

kafe

expresso

espresso

cappuccino

cappuccino

banane

akondro

pomme

paoma

orange

laoranjy

melon

voatango

citron

voasarimakirana

carotte

karaoty

ail

tongolo gasy

bambou

volobe

oignon

tongolo

champignon

holatra

noisettes

voamaina

pâtes

paty

spaghetti

spaghetti

riz

vary

salade

salady

pommes frites

ovy frity

pommes de terre rôties

ovy voaendy

pizza

pizza

hamburger

hamburger

sandwich

sandwich

escalope

didin-kena

jambon

lambo sira

salami

salami

saucisse

saosisy

poulet

akoho

rôti

hena mendy

poisson

trondro

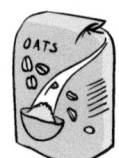

flocons d'avoine

varin-tsoavaly

muesli

muesli

cornflakes

cornflakes

farine

lafarinina

croissant

croissant

petits-pains

mofodipaina kely

pain

mofo

pain grillé

mofo natono

biscuits

bisky

beurre

dobera

le fromage blanc

fromazy fotsy

gâteau

mofomamy

œuf

atody

œuf au plat

atody nendasina

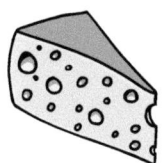

fromage

fromazy

glace

lagilasy

sucre

siramamy

miel

tantely

confiture

kaonfitira

crème nougat

crème nougat

curry

curry

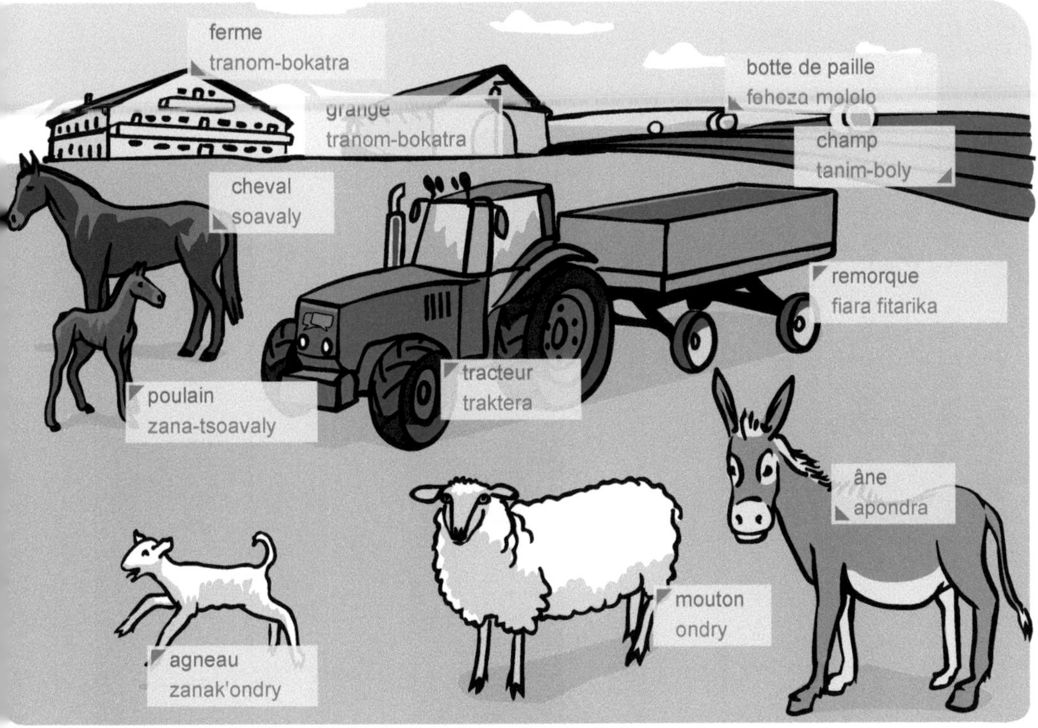

ferme
tranom-bokatra

botte de paille
fehoza mololo

grange
tranom-bokatra

champ
tanim-boly

cheval
soavaly

remorque
fiara fitarika

tracteur
traktera

poulain
zana-tsoavaly

âne
apondra

mouton
ondry

agneau
zanak'ondry

chèvre

osy

vache

omby vavy

veau

omby

porc

kisoa

porcelet

zana-kisoa

taureau

omby

oie

gisa

canard

gana

poussin

zanak'akoho

poule

akoho vavy

coq

akoho lahy

rat

voalavo

chat

saka

souris

voalavo tondro

bœuf

omby

chien

alika

chenil

tranon'alika

tuyau de jardin

fantsona fanondrahana rano

arrosoir

fanondrahana

faucheuse

antsy biloka

charrue

angadin'omby

faucille
antsim-bilona

pioche
antsetra

fourche
farango vy

hache
famaky

brouette
borety

cuve
dababe

pot à lait
boatin-dronono

sac
harona

clôture
fefy

étable
tranom-biby

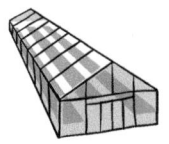

serre
talatalan-jaridaina

sol
tany

semences
ambeoka

engrais
zezika

moissonneuse-batteuse
milina mpijinja vokatra

récolter

vokatra

récolte

vokatra

igname

saonjo

blé

varimbazaha

soja

saozaha

pomme de terre

ovy

maïs

katsaka

colza

colza

arbre fruitier

hazo fihinam-boa

manioc

mangahazo

céréales

voamadinika

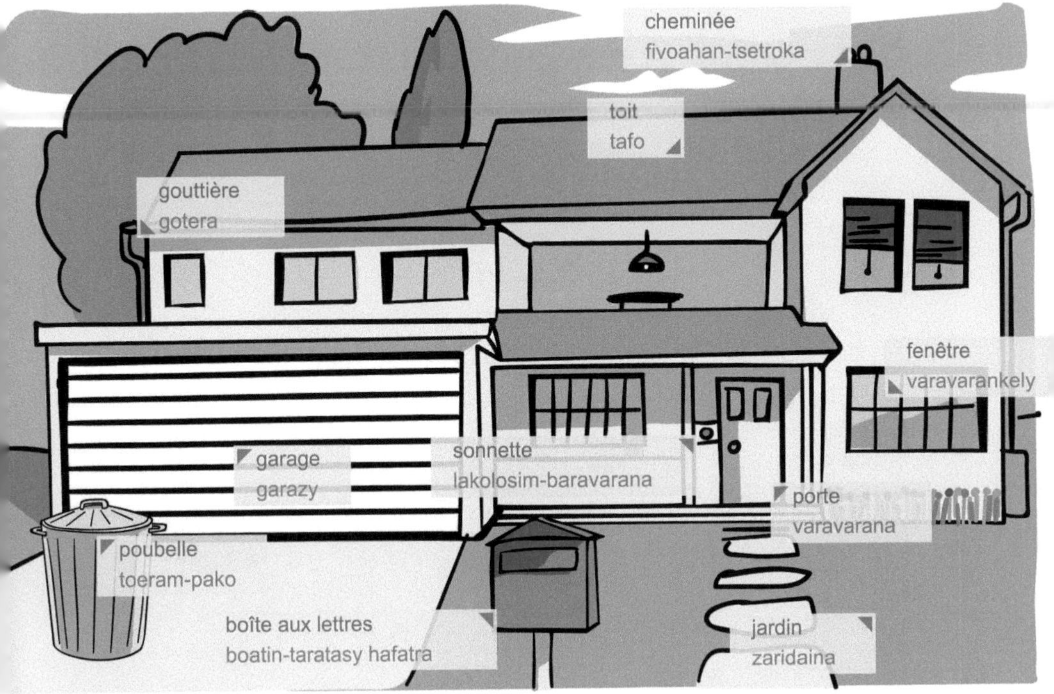

cheminée
fivoahan-tsetroka

toit
tafo

gouttière
gotera

fenêtre
varavarankely

garage
garazy

sonnette
lakolosim-baravarana

porte
varavarana

poubelle
toeram-pako

boîte aux lettres
boatin-taratasy hafatra

jardin
zaridaina

salon

efitra fandraisam-bahiny

salle de bain

efitra fandroana

cuisine

lakozia

chambre à coucher

efitra fatoriana

chambre d'enfant

efitranon'ny ankizy

salle à manger

efi-trano fisakafoanana

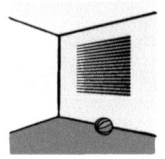

sol
....
tany

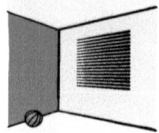

mur
....
rindrina

plafond
....
valindrihana

cave
....
lakavy

sauna
....
sauna

balcon
....
tsimahalavo

terrasse
....
lavarangana

piscine
....
dobo filomanosana

tondeuse à gazon
....
mpanapaka bozaka

housse
....
lambam-pandriana

couette
....
koety

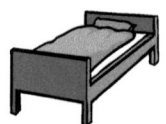

lit
....
fandriana

balai
....
kifafa

sceau
....
sô

interrupteur
....
interrupteur

salon

efitra fandraisam-bahiny

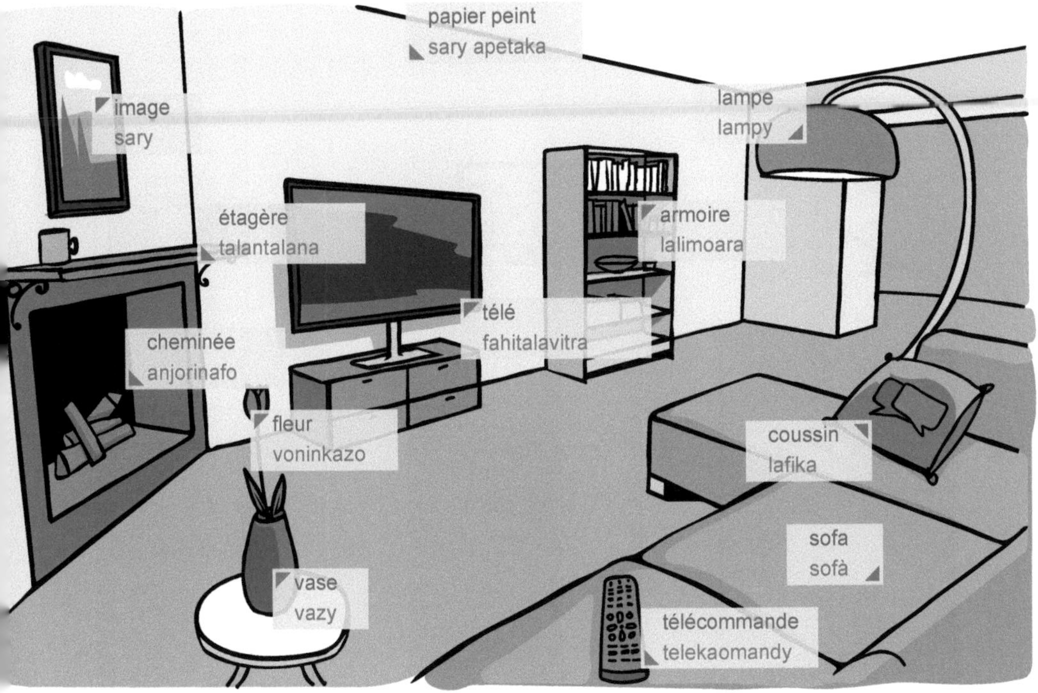

papier peint
sary apetaka
image
sary
lampe
lampy
étagère
talantalana
armoire
lalimoara
télé
fahitalavitra
cheminée
anjorinafo
fleur
voninkazo
coussin
lafika
sofa
sofà
vase
vazy
télécommande
telekaomandy

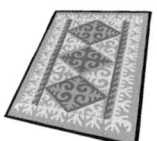

tapis

tapis

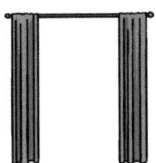

rideau

takom-baravarana

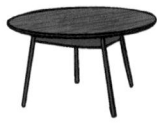

table

latabatra

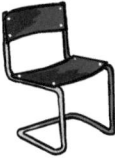

chaise

seza

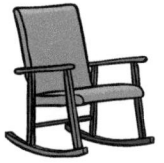

chaise à bascule

seza savily

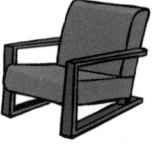

fauteuil

seza mihaja

livre

boky

couverture

lamba firakotra

décoration

asa fandravahana

bois de chauffage

hazo fandrehitra

film

horonantsary

chaîne hi-fi

fitaovana hi-fi

clé

fanalahidy

journal

gazety

peinture

loko

poster

sary famantarana

radio

radio

bloc-notes

kahie fanao tadidy

aspirateur

aspiratera

cactus

raketa

bougie

labozia

cuisine
lakozia

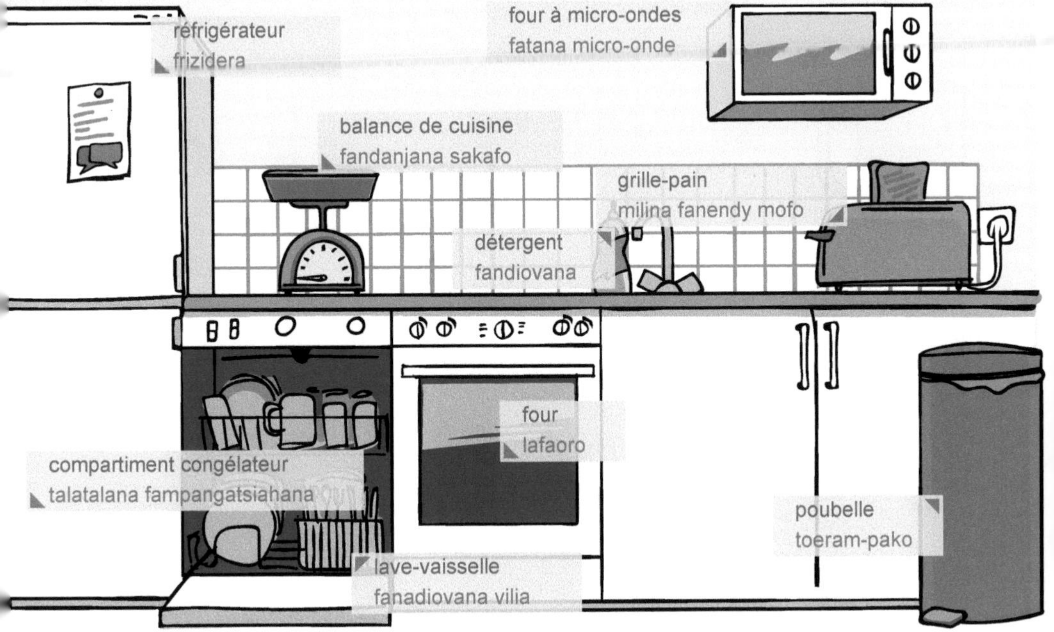
réfrigérateur
frizidera
four à micro-ondes
fatana micro-onde
balance de cuisine
fandanjana sakafo
grille-pain
milina fanendy mofo
détergent
fandiovana
four
lafaoro
compartiment congélateur
talatalana fampangatsiahana
poubelle
toeram-pako
lave-vaisselle
fanadiovana vilia

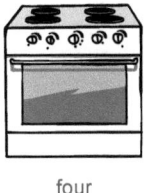

four

lafaoro

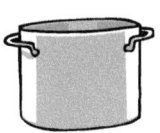

casserole

vilany

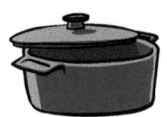

marmite

vilany vy

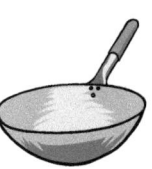

wok / kadai

wok / kadai

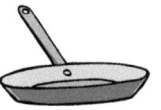

poêle

lapoaly

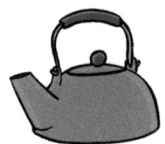

bouilloire electrique

fitaovana fampangotrahana rano

cuiseur vapeur

vilany mandeha entona

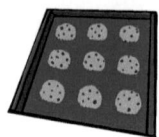

plaque de cuisson

lovia fisaka

vaisselle

fitaovan-dakozia

gobelet

zinga

coupe

vilia baolina

baguettes

hazokely fihinanana

louche

sotrobe lavatango

spatule

spatule

fouet

fanakapohana atody

passoire

fanatantavanana

tamis

lovia sivana

râpe

fanakikisana

mortier

laona

barbecue

kiendiendy

cheminée

fivoahan'ny setroka

planche à découper

akalana fitetehana

rouleau à pâtisserie

kodia fandamàna koba

tire-bouchon

fisontonana bosoa

boîte

boaty

ouvre-boîte

fanokafana boaty

maniques

fitazomana vilany

lavabo

lavabô

brosse

borosy

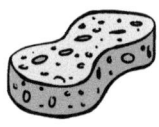

éponge

spaonjy

mixeur

miksera

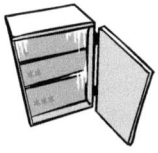

congélateur

fitaovana fampangatsiahana

biberon

tavoahanginono

robinet

paompy

salle de bain
efitra fandroana

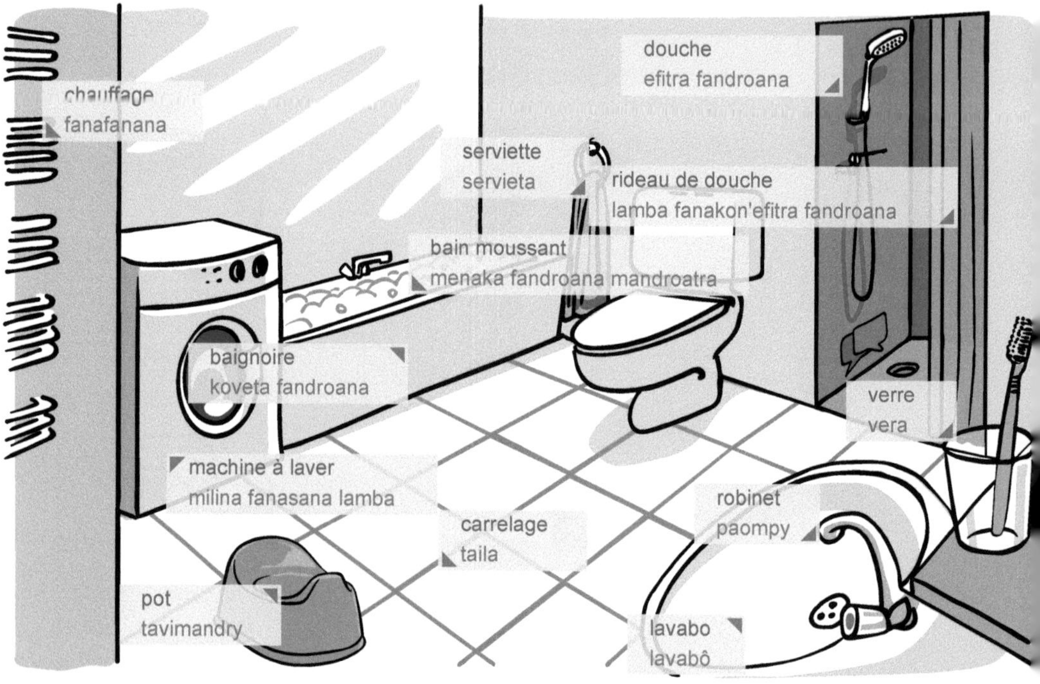

douche
efitra fandroana

chauffage
fanafanana

serviette
servieta

rideau de douche
lamba fanakon'efitra fandroana

bain moussant
menaka fandroana mandroatra

baignoire
koveta fandroana

verre
vera

machine à laver
milina fanasana lamba

carrelage
taila

robinet
paompy

pot
tavimandry

lavabo
lavabô

toilettes

efitrano fidiovana

toilette à la turque

kabone mitsingo

bidet

bidet

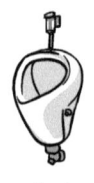

urinoir

fipipizana

papier toilette

taratasy fidiovana

brosse à toilette

borosy fampiasa an-kabone

brosse à dents

borosinify

dentifrice

famotsia-nify

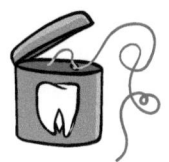

fil dentaire

kofehy fanadiova-nify

laver

manasa

douche manuelle

fisaika enti-tànana

douche intime

fanadiovana fivaviana

vasque

kovetabe

brosse dorsale

borosin-damosina

savon

savony

gel douche

gel fampiasa rehefa misaika

shampooing

shampoo

gant de toilette

fonon-tànana enti-misaika

écoulement

tsiranoka

crème

crème fanosotra

déodorant

fanalana fofona

miroir
fitaratra

miroir cosmétique
fitaratra fihaingo

rasoir
hareza

mousse à raser
raotra fiharatra

après-rasage
menaka haratra

peigne
fiogo

brosse
borosy

sèche-cheveux
fitaovana fanamainam-bolo

laque pour cheveux
atsifotra amin'ny volo

fond de teint
fikarakarana tarehy

rouge à lèvres
lokomena

vernis à ongles
haingo hoho

ouate
vohavohan-dandihazo

coupe-ongles
fanapahana hoho

parfum
ranomanitra

trousse de toilette

fitoerana fitaovana an-kabone

tabouret

sezabory

pèse-personne

fandanjana olona

peignoir

akanjo enti-matory

gants de nettoyage

fonon-tànana enti-manadio

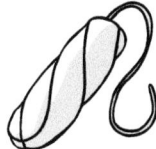

tampon

servieta fanary

serviettes hygiéniques

lamba fampiasa amin'ny fadimbolana

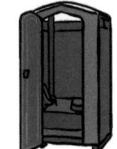

toilette chimique

kabone simika

chambre d'enfant
efitranon'ny ankizy

réveil
famohamandry
doudou
saribakoly
voiture jouet
fiara kilalao
hochet
korintsana
maison de poupée
tranon-tsaribakoly
cadeau
fanomezana

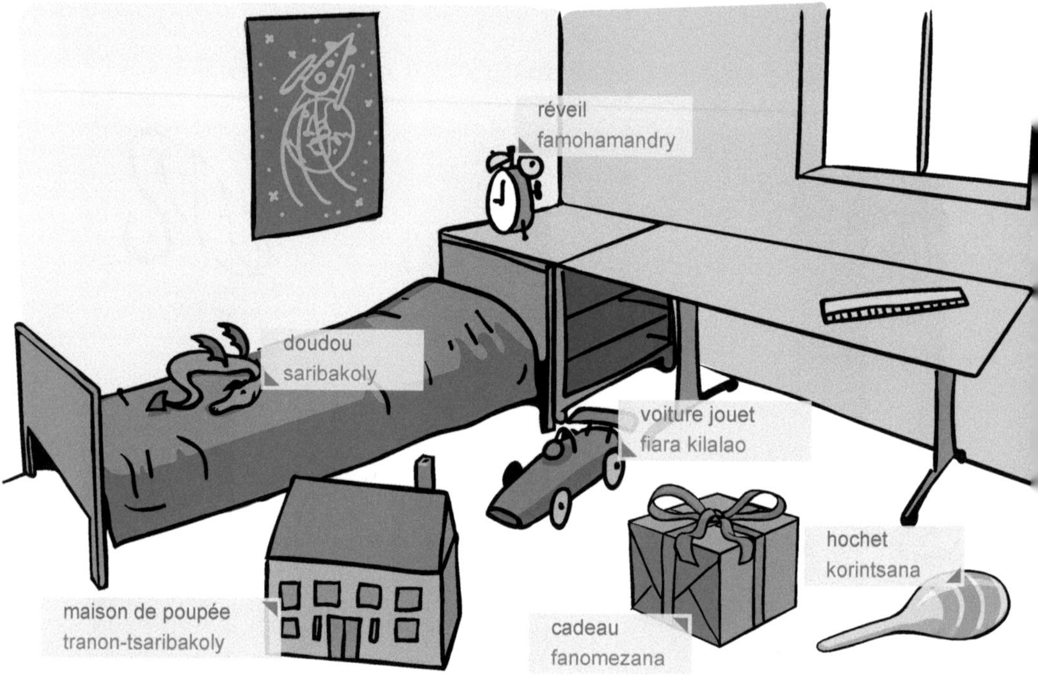

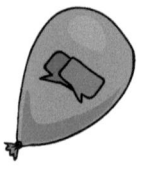

ballon
balaonina

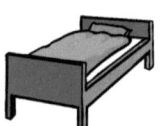

lit
fandriana

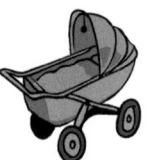

poussette
posety

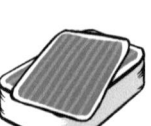

jeu de cartes
lalao karatra

puzzle
puzzle

SUPER MEGA
bande dessinée
sariitatra

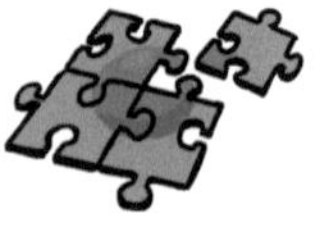

pièces lego

lalao legô

blocs de construction

kilalao fananganana trano

figurine

sarivongana kely

grenouillère

grenera

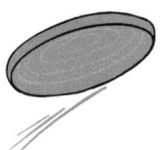

frisbee

Frisbee

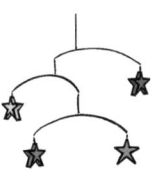

mobile

mobile

jeu de société

jeu de société

dé

kodiakely

train miniature

lamasinina kely

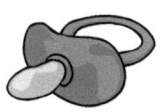

sucette

solonono

fête

fety

livre d'images

boky feno sary

balle

baolina

poupée

saribakoly

jouer

milalao

bac à sable

kovetam-pasika

balançoire

savily

jouets

kilalao

console de jeu

kilalao video

tricycle

tricycle

ours en peluche

teddy orsa

armoire

fitoeran'akanjo

vêtements

akanjo

chaussettes

bà kiraro

bas

bàn-tongotra

collant

akanjo manara-batana

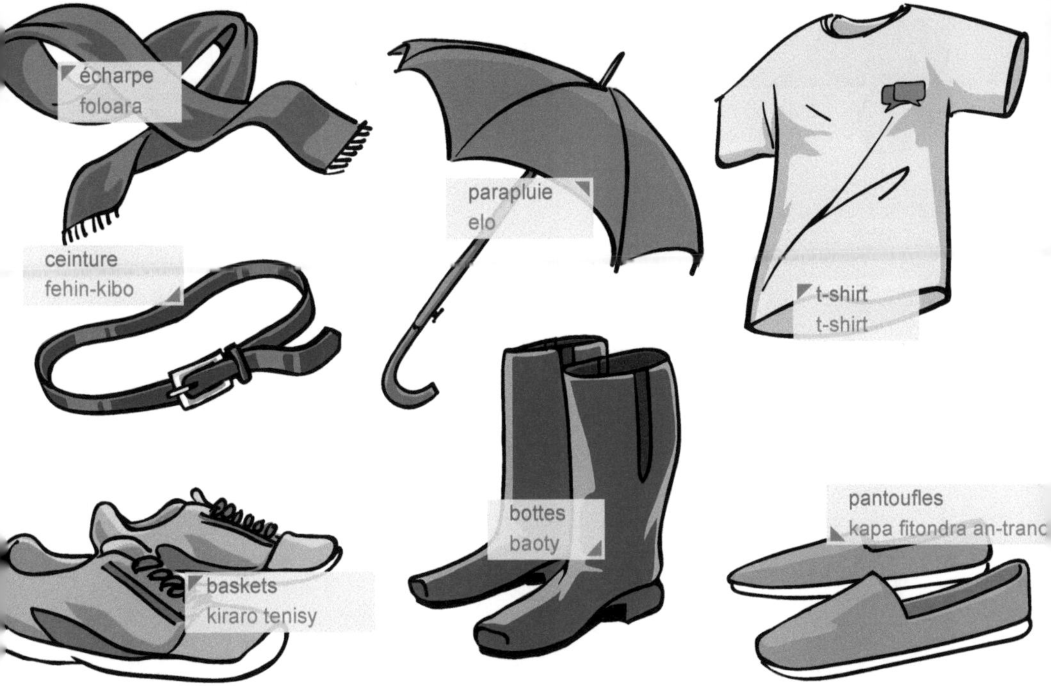

écharpe
foloara

parapluie
elo

ceinture
fehin-kibo

t-shirt
t-shirt

bottes
baoty

pantoufles
kapa fitondra an-tranc

baskets
kiraro tenisy

sandales
kapa

chaussures
kiraro

bottes de caoutchouc
baoty fingotra

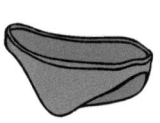

sous-vêtements
atinakanjo

soutien-gorge
tatinono

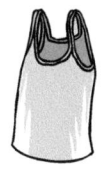

maillot de corps
akanjo feno

vêtements - akanjo

45

body
....
vatana

pantalon
....
pataloha

jean
....
jean

jupe
....
zipo

chemisier
....
akanjo ambony

chemise
....
lobaka

pull
....
pull

sweat à capuche
....
akanjo sarotro

veste
....
palitao

veste
....
palitao

manteau
....
palitao

imperméable
....
akanjo aro-orana

costume
....
akanjo fianjaika

robe
....
fitafim-behivavy

robe de mariée
....
akanjon'ny ampakarina

costume

akanjo fianjaika

chemise de nuit

akanjo-mandry

pyjama

pijamà

sari

sari

foulard

sarondoha

turban

turban

burqa

burqa

caftan

kaftan

abaya

abaya

maillot de bain

akanjo fitondra milomano

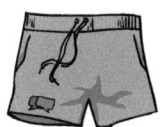

maillot de bain

akanjo fitondra milomano

short

pataloha fohy

tenue d'entraînement

akanjo fitena

tablier

tablie

gants

fonon-tànana

bouton

bokotra

lunettes

solomaso

bracelet

brasele

collier

rojo

bague

peratra

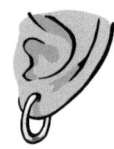

boucle d'oreille

kavina

bonnet

satroka

cintre

fanantonana palitao

chapeau

satroka

cravate

fehivozo

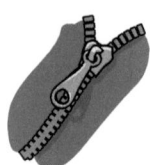

fermeture éclair

hidikorisa

casque

aroloha

bretelles

beritelo

uniforme scolaire

fanamian'ny mpianatra

uniforme

fanamiana

bavoir
....
bavoara

sucette
....
solonono

lange
....
taty

bureau
birao

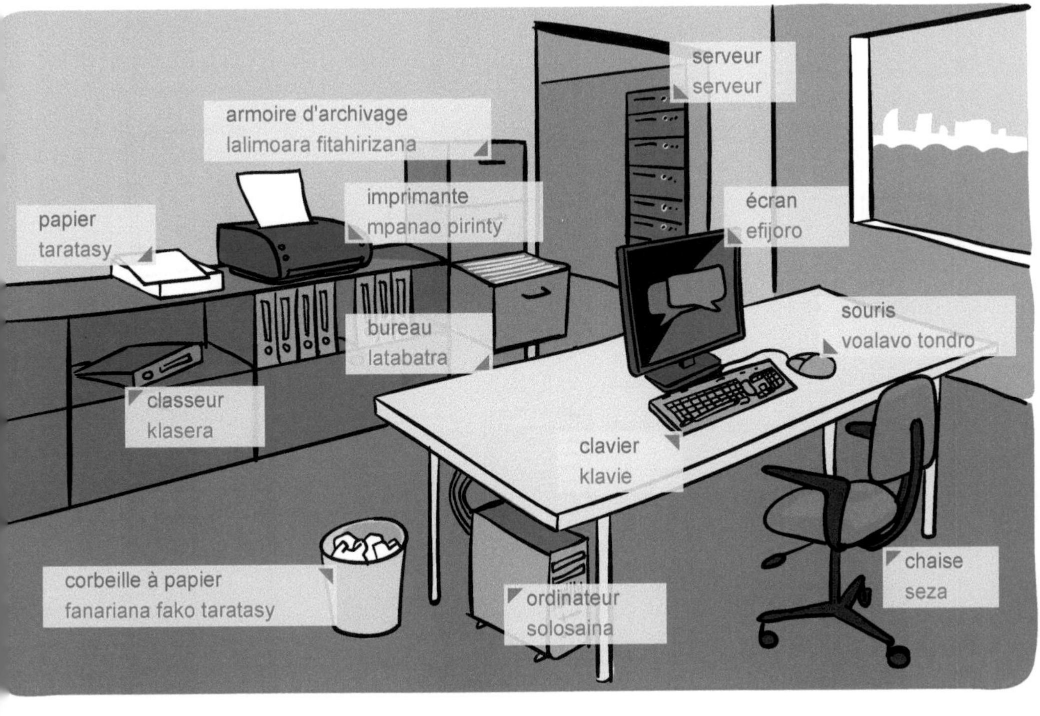

serveur
serveur

armoire d'archivage
lalimoara fitahirizana

imprimante
mpanao pirinty

écran
efijoro

papier
taratasy

bureau
latabatra

souris
voalavo tondro

classeur
klasera

clavier
klavie

corbeille à papier
fanariana fako taratasy

chaise
seza

ordinateur
solosaina

tasse de café
....
kaopin-kafe

calculatrice
....
mpikajy

internet
....
aterineto

ordinateur portable

solosaina maivana

lettre

taratasy

message

hafatra

portable

mobile

réseau

tambajotra

photocopieuse

imprimante

logiciel

rindrambaiko

téléphone

finday

prise

prizy

fax

fax

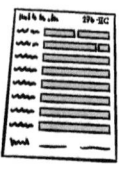

formulaire

efitra fenoina

document

fehezan-taratasy

acheter
....
mividy

payer
....
mandoa vola

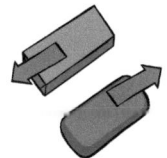

faire du commerce
....
misera

monnaie
....
vola

dollar
....
dôlara

euro
....
euro

yen
....
yen

rouble
....
rouble

franc suisse
....
Franc suisse

renminbi yuan
....
renminbi yuan

roupie
....
roupie

distributeur automatique
....
fangalàna vola

bureau de change
toerana fanakalozana vola

or
volamena

argent
volafotsy

pétrole
solika

énergie
angovo

prix
vidiny

contrat
fifanekena

taxe
hetra

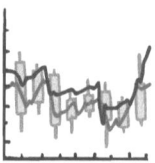

action
action borsa

travailler
miasa

employé
mpiasa

employeur
mpampiasa

usine
orinasa

magasin
fivarotana

professions
asa

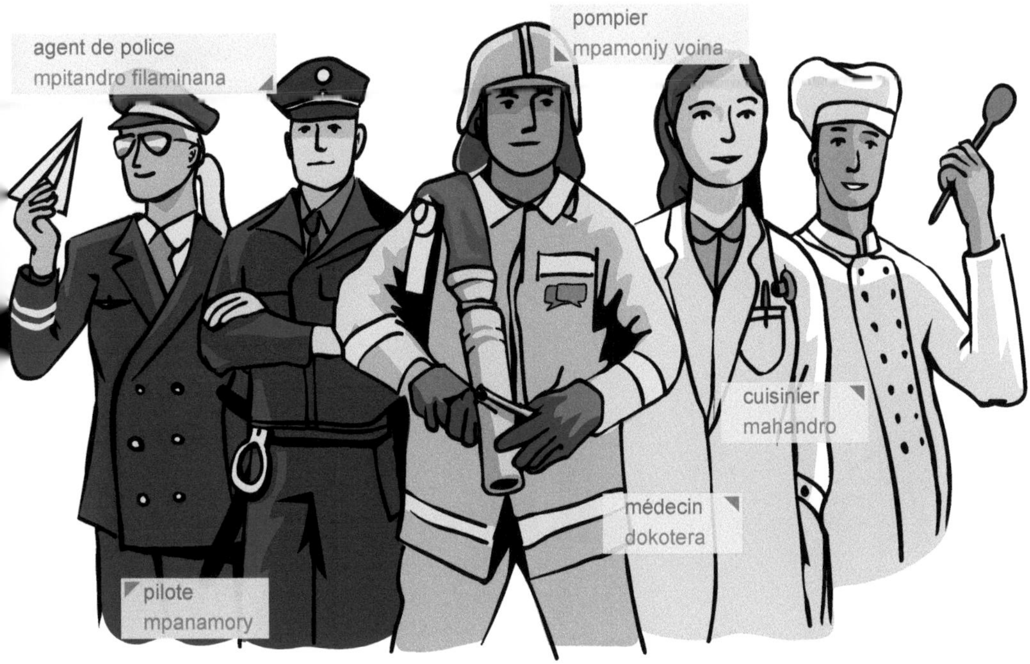
pompier
mpamonjy voina
agent de police
mpitandro filaminana
cuisinier
mahandro
médecin
dokotera
pilote
mpanamory

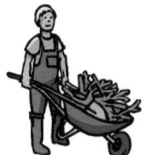

jardinier

mpikarakara zaridaina

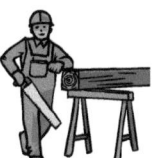

menuisier

mpandrafitra

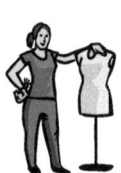

couturière

vehivavy mpanjaitra

juge

mpitsara

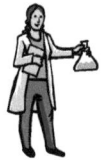

chimiste

mpahay simia

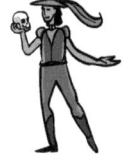

acteur

mpilalao sarimihetsika

conducteur de bus

mpamily fiara fitateram-
bahoaka

chauffeur de taxi

mpamily fiarakaretsaka

pêcheur

mpanjono

femme de ménage

vehivavy mpanadio

couvreur

mpanao tafo

serveur

mpandroso sakafo

chasseur

mpihaza

peintre

mpandoko

boulanger

mpanao mofo

électricien

elektrisianina

ouvrier

mpanao trano

ingénieur

injeniera

boucher

mivaro-kena

plombier

plombier

facteur

faktera

soldat

miaramila

architecte

mpanao mari-trano

caissier

mpandray vola

fleuriste

mpivarotra voninkazo

coiffeur

mpanao volo

contrôleur

mpizara tapakila

mécanicien

mpahay mekanika

capitaine

kapiteny

dentiste

mpitsabo nify

scientifique

siantifika

rabbin

raby

imam

imam

moine

moanina

prêtre

pretra

outils
fitaovana

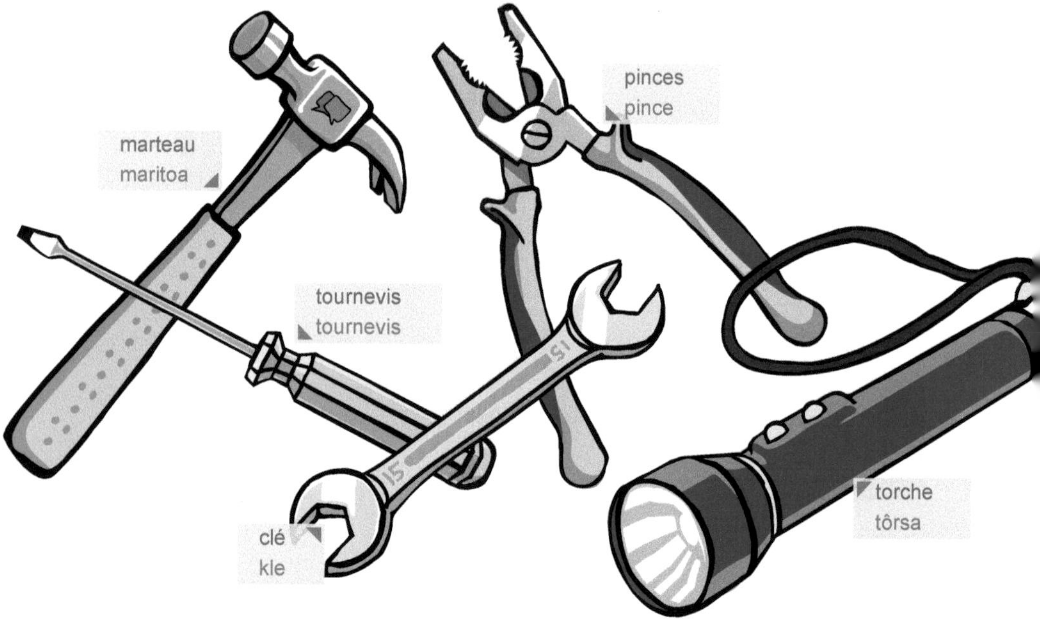
marteau
maritoa
pinces
pince
tournevis
tournevis
clé
kle
torche
tôrsa

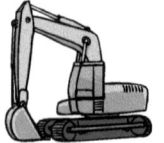

pelleteuse

pelleteuse

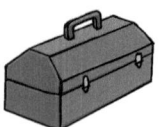

boîte à outils

boaty fanisy fitaovana

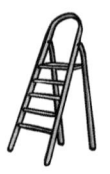

échelle

tohatra

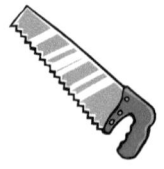

scie

tsofa

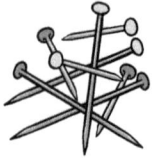

clous

fantsika

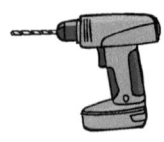

perceuse

perceuse

réparer

manarina

pelle

lapela

Mince !

Kyy!

pelle

angadim-pako

pot de peinture

boatin-doko

vis

visy

instruments de musique

zava-maneno

batterie
vata maro anaka

haut-parleurs
haut-parleur

contrebasse
contrebasse

trompette
trompetra

guitare
gitara

piano

vata maro afitsoka

violon

lokanga

basse

basse

timbales

amponga timpani

tambour

aponga

piano électrique

klavie

saxophone

saksa

flûte

sodina

microphone

mikrao

zoo

valan-javaboary

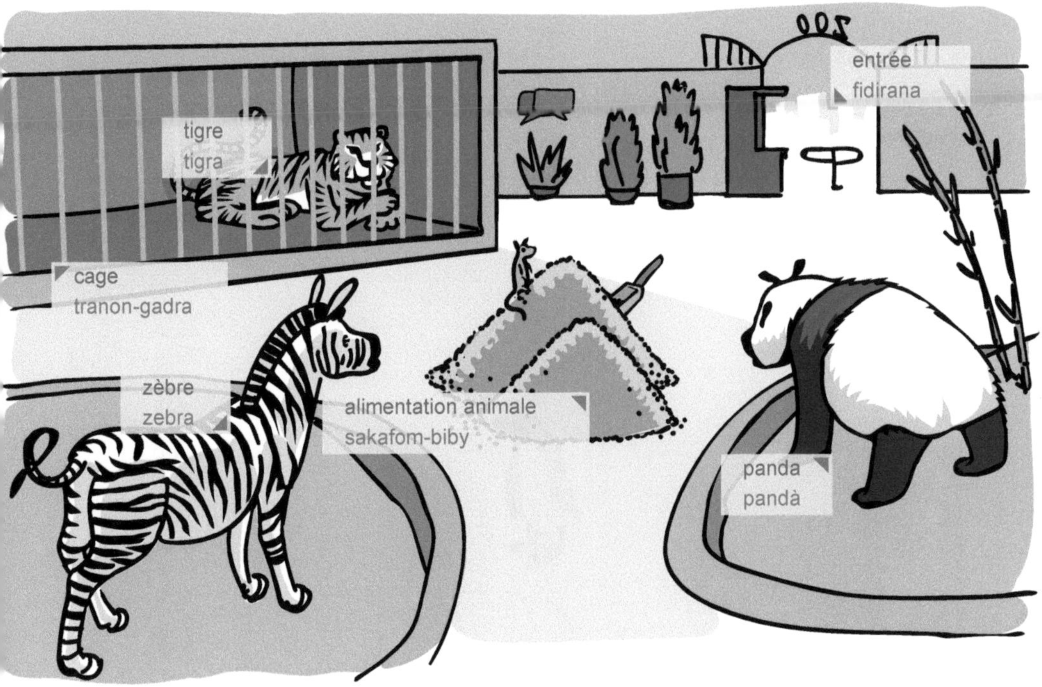
tigre
tigra
entrée
fidirana
cage
tranon-gadra
zèbre
zebra
alimentation animale
sakafom-biby
panda
pandà

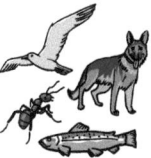

animaux
biby

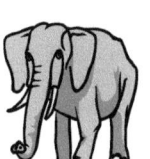

éléphant
elefanta

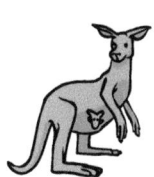

kangourou
kangoroa

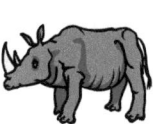

rhinocéros
rinôserôsy

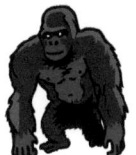

gorille
gôrila

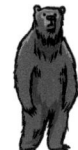

ours
orsa

chameau

rameva

autruche

aotrisy

lion

liona

singe

rajako

flamand rose

sama

perroquet

boloky

ours polaire

orsa polera

pingouin

pengoa

requin

atsantsa

paon

vorombola

serpent

bibilava

crocodile

voay

gardien de zoo

mpiandry valan-javaboary

phoque

fôko

jaguar

jagoara

poney
poney

léopard
leopara

hippopotame
hipôpôtamo

girafe
zirafa

aigle
voromahery

sanglier
lambo

poisson
trondro

tortue
sokatra

morse
mõrsa

renard
renard

gazelle
gazely

american Football
Football amerikana

cyclisme
hazakazaka am-bisikileta

tennis
tennis

basket-ball
baskety

natation
lomano

boxe
boxe

hockey sur glace
hockey an-dranomandry

football
baolina kitra

badminton
badminton

athlétisme
atletisma

handball
handball

ski
ski

polo
polo

sauter
nitsambikina

rire
mihomehy

embrasser
mamihina

chanter
mihira

marcher
mandeha

prier
mivavaka

faire la bise
manoroka

rêver
manonofy

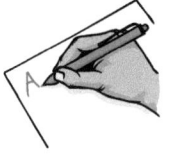

écrire
manoratra

dessiner
manao sary

montrer
maneho

pousser
manosika

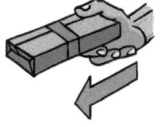

donner
manome

prendre
mandray

avoir

manana

faire

manao

être

mizovy

être debout

mijoro

courir

mihazakazaka

trier

misintona

jeter

manary

tomber

lavo

être couché

mandry

attendre

miandry

porter

mitondra

être assis

mipetraka

s'habiller

miakanjo

dormir

matory

se réveiller

mifoha

regarder

mijery

pleurer

mitomany

caresser

fahatapahan'ny lalan-dra

peigner

fiogo

parler

miresaka

comprendre

mahay

demander

milaza

écouter

mihaino

boire

misotro

manger

mihinana

ranger

mandamina

aimer

mitia

cuire

mahandro

conduire

mamily

voler

lalitra

faire de la voile

miandriaka

calculer

mikajy

lire

mamaky

apprendre

mianatra

travailler

miasa

se marier

mivady

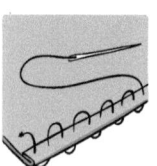

coudre

manjaitra

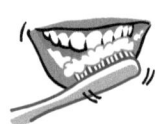

brosser les dents

miborosy nify

tuer

mamono

fumer

mifoka

envoyer

mandefa

grand-mère
renibe

grand-père
dadabe

père
ray

mère
reny

bébé
zaza

fille
zanaka vavy

fils
zanaka lahy

hôte

vahiny

tante

nenitoa

oncle

dadatoa

frère

rahalahy

sœur

rahavavy

corps
vatana

front
handrina
œil
maso
épaule
soroka
doigt
rantsan-tànana
visage
tarehy
menton
saoka
main
tànana
jambe
ranjo
poitrine
nono
bras
sandry

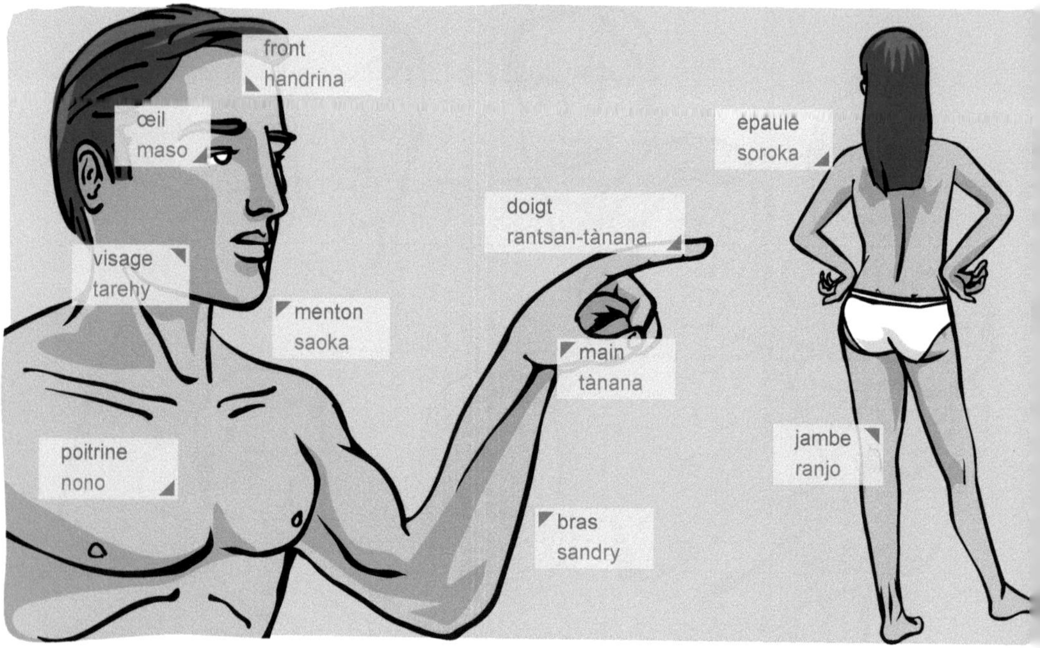

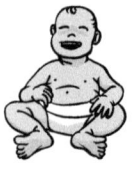

bébé

zaza

homme

lehilahy

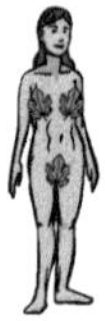

femme

vehivavy

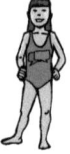

fille

vavy

garçon

lahy

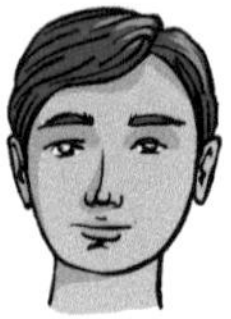

tête

loha

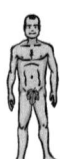

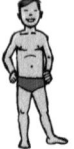

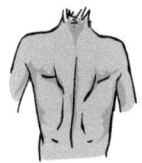

dos
lamosina

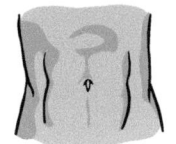

ventre
kibo

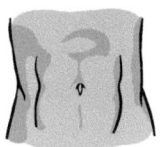

nombril
foitra

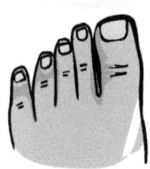

orteil
rantsan-tongotra

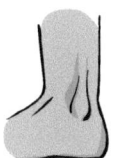

talon
voditongotra

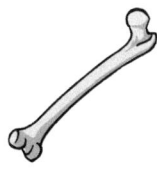

os
taolana

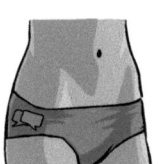

hanche
valahana

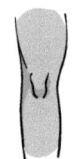

genou
lohalika

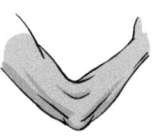

coude
kiho

nez
orona

fesses
vody

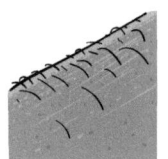

peau
hoditra

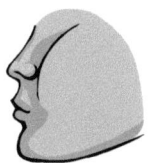

joue
takolaka

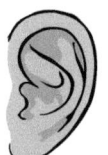

oreille
sofina

lèvre
molotra

bouche
vava

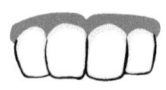

dent
nify

langue
lela

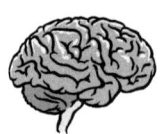

cerveau
saina

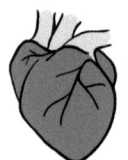

cœur
fo

muscle
ozatra

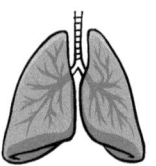

poumons
havokavoka

foie
aty

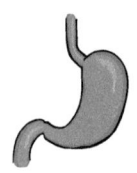

estomac
vavony

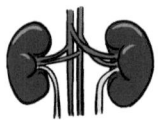

reins
voa

rapport sexuel
firaisana ara-nofo

préservatif
fimailo

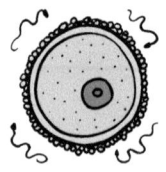

ovule
tsirivavy

sperme
ranonaina

grossesse
vohoka

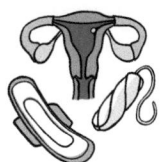

menstruation

fadimbolana

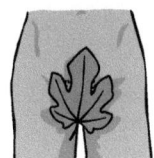

vagin

fivaviana

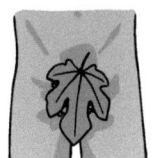

pénis

filahiana

sourcil

volomaso

cheveux

volo

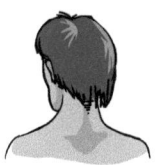

cou

tenda

hôpital
hopitaly

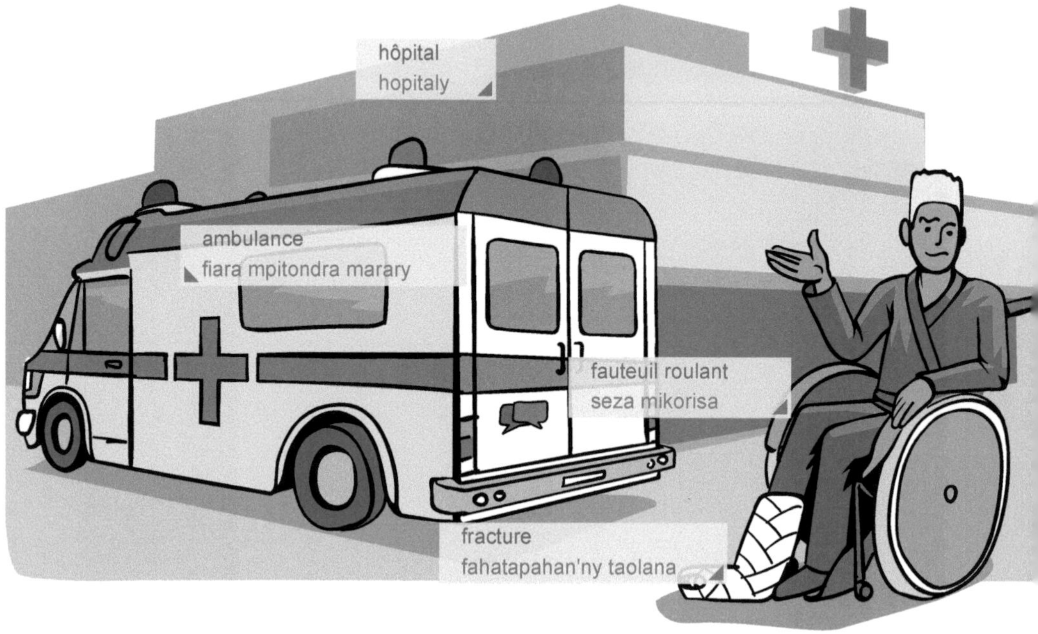

hôpital
hopitaly
ambulance
fiara mpitondra marary
fauteuil roulant
seza mikorisa
fracture
fahatapahan'ny taolana

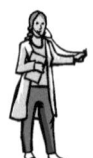

médecin

dokotera

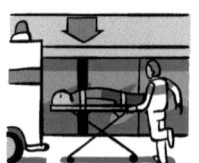

service des urgences

efitra vonjy taitra

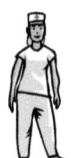

infirmière

mpitsabo mpanampy

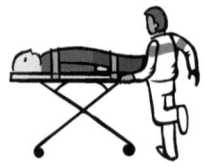

urgence

vonjy taitra

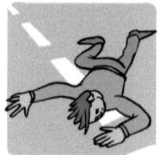

inconscient

tsy mahatsiaro tena

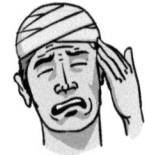

douleur

fanaintainana

blessure

faharatràna

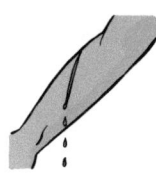

hémorragie

mandeha rà

crise cardiaque

aretim-po

attaque cérébrale

fahatapahan'ny lalan-dra

allergie

tsy fahazakana sakafo

toux

kohaka

fièvre

tazo

grippe

gripa

diarrhée

fivalanana

mal de tête

aretin'an-doha

cancer

homamiadana

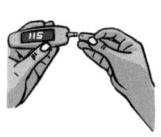

diabète

diabeta

chirurgien

dokotera mpandidy

scalpel

antsy fandidiana

opération

fandidiana

CT
TC

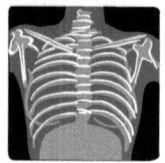

radiographie
taratra X

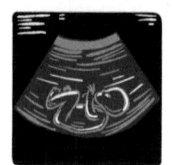

échographie
ekôgrafia

masque
saron-tava

maladie
aretina

salle d'attente
efitrano fiandrasana

béquille
tehina

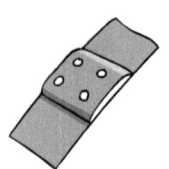

pansement
taha fery

pansement
bandy

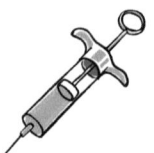

injection
tsindrona

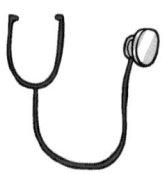

stéthoscope
stetoskopy

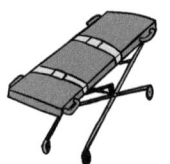

brancard
filanjana marary

thermomètre
fitaovana fitsapana
hafanana

accouchement
fahaterahana

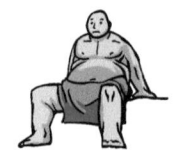

surcharge pondérale
hatavezana tafahoatra

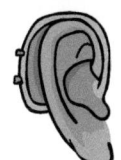

appareil auditif

fitaovana fandrenesana

désinfectant

famonoana mikraoba

infection

fifindràna aretina

virus

viriosy

VIH / sida

VIH / SIDA

médicament

fitsaboana

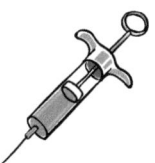

vaccination

vaksiny

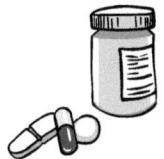

comprimés

pilina

pilule

pilina

appel d'urgence

antso vonjy taitra

tensiomètre

fitaovana fitsapana tosi-drà

malade / sain

marary / salama

Au secours !

Vonjeo!

assaut

herisetra

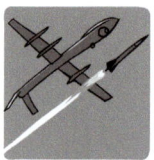

attaque

vono

danger

loza

sortie de secours

fivoahana raha misy loza

Au feu!

Afo!

extincteur

fitaovam-pamonoana afo

accident

loza

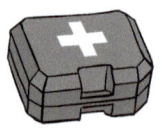

trousse de premier secours

fitaovam-pitsaboana
vonjimaika

SOS

SOS

police

pôlisy

Europe

Eoropa

Amérique du Nord

Amerika avaratra

Amérique du Sud

Amerika atsimo

Afrique

Afrika

Asie

Azia

Australie

Aostralia

Océan atlantique

Atlantika

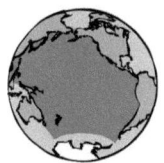

Océan pacifique

Pasifika

Océan indien

Ranomasimbe Indiana

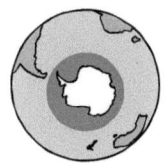

Océan antarctique

Oseana Antarktika

Océan arctique

Oseana Arktika

pôle nord

Tendrotany avaratra

pôle sud

Tendrotany atsimo

Antarctique

Antarktika

terre

tany

pays

tany

mer

ranomasina

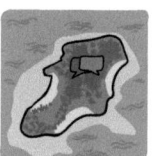

île

nosy

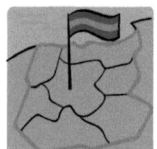

nation

tanindrazana

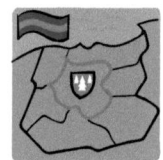

état

firenena

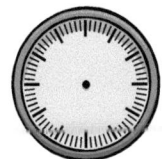

cadran

tavam-pamantaranandro

aiguille des heures

tondro ora

aiguille des minutes

tondro minitra

aiguille des secondes

tondro segondra

Quelle heure est-il ?

Amin'ny firy izao?

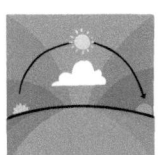

jour

andro

temps

fotoana

maintenant

izao

montre digitale

famantaranandro niomerika

minute

minitra

heure

ora

semaine
herinandro

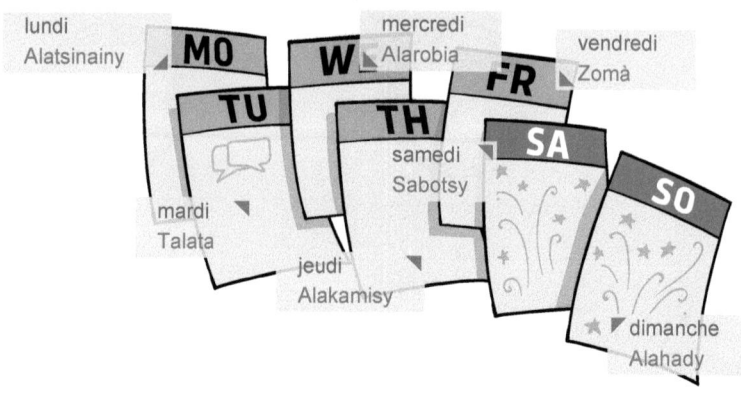

lundi
Alatsinainy

mercredi
Alarobia

vendredi
Zomà

mardi
Talata

samedi
Sabotsy

jeudi
Alakamisy

dimanche
Alahady

hier
omaly

aujourd'hui
androany

demain
ampitso

matin
maraina

midi
atoandro

soir
hariva

jours ouvrables
adro fiasàna

week-end
faran'ny herinandro

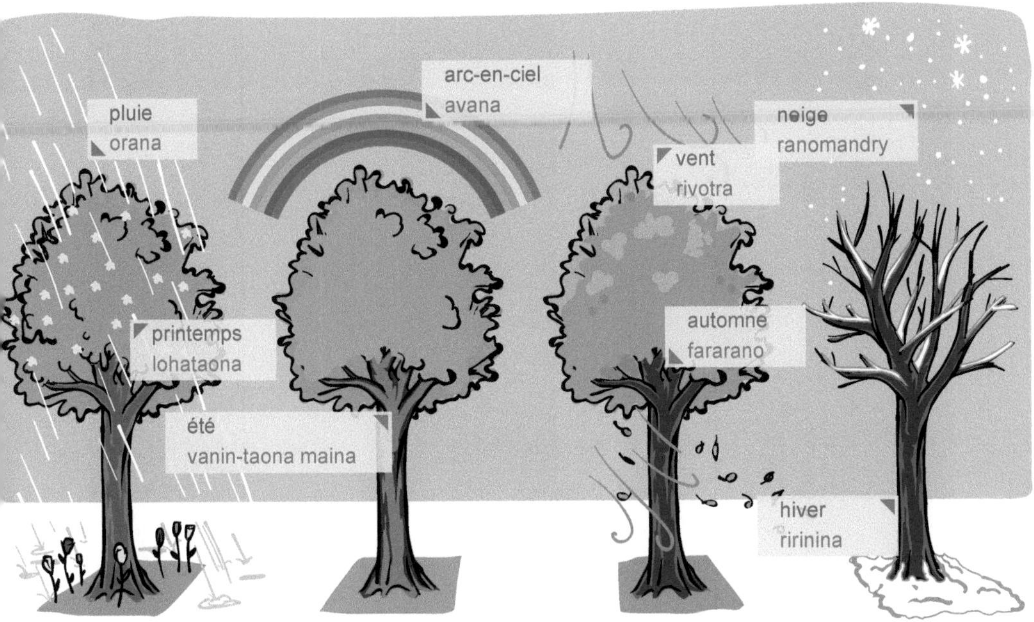

pluie
orana

arc-en-ciel
avana

neige
ranomandry

vent
rivotra

printemps
lohataona

automne
fararano

été
vanin-taona maina

hiver
ririnina

météo

vinavina ara-toetrandro

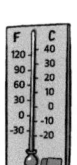

thermomètre

thermomètre

lumière du soleil

tara-masoandro

nuage

rahona

brouillard

zavona

humidité

hamandoana

foudre

tselatra

tonnerre

kotroka

tempête

tafio-drivotra

grêle

havandra

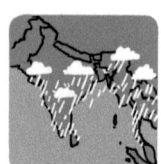

mousson

fahavaratra

inondation

tondra-drano

glace

vaingan-drano

janvier

Janoary

février

Febroary

mars

Martsa

avril

Avrila

mai

Mey

juin

Jiona

juillet

Jolay

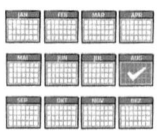

août

Aogositra

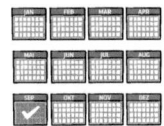

septembre
....
Septambra

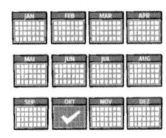

octobre
....
Oktobra

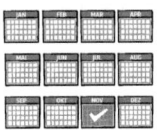

novembre
....
Novambra

décembre
....
Desambra

formes
endrika

cercle
....
boribory

carré
....
efamira

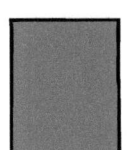

rectangle
....
efajoro

triangle
....
telozoro

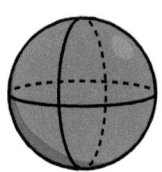

sphère
....
bola

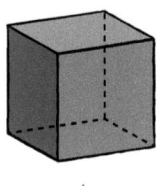

cube
....
goba

blanc

fotsy

jaune

mavo

orange

laoranjy

rose

mavokely

rouge

mena

violet

voloparasy

bleu

manga

vert

maitso

marron

volotany

gris

volondavenona

noir

mainty

beaucoup / peu

betsaka / vitsy

fâché / calme

tezitra / tony

joli / laid

tsara / ratsy

début / fin

fiandohana / fiafarana

grand / petit

lehibe / kely

clair / obscure

mazava / maloka

frère / soeur

rahalahy / rahavavy

propre / sale

madio / maloto

complet / incomplet

feno / banga

jour / nuit

andro / alina

mort / vivant

maty / velona

large / étroit

malalaka / tery

comestible / incomestible

azo hanina / tsy fihinana

méchant / gentil

tsivalahara / tsara fanahy

excité / ennuyé

endratra / sorena

gros / mince

matavy / mahia

premier / dernier

voalohany / farany

ami / ennemi

mpinamana / mpifahavalo

plein / vide

feno / foana

dur / souple

mafy / malefaka

lourd / léger

mavesatra / maivana

faim / soif

noana / mangetaheta

malade / sain

marary / salama

illégal / légal

tsy ara-dalàna / ara-dalàna

intelligent / stupide

mahay / vendrana

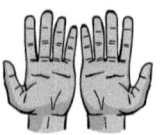

gauche / droite

havia / havanana

proche / loin

akaiky / lavitra

nouveau / usé

vaovao / tranainy

rien / quelque chose

tsy misy / misy

vieux / jeune

antitra / tanora

marche / arrêt

mandeha / maty

ouvert / fermé

mivoha / mihidy

faible / fort

mangina / mitabataba

riche / pauvre

manankarena / mahantra

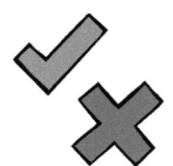

correct / incorrect

marina / diso

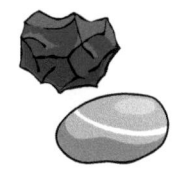

rugueux / lisse

marokoroko / malama

triste / heureux

malahelo / faly

court / long

fohy / lava

lent / rapide

mora / faingana

mouillé / sec

mando / maina

chaud / froid

mafana / mangatsiaka

guerre / paix

ady / fahalemana

oppositions - teny mifanohitra

0

zéro

aotra

1

un / une

iray

2

deux

roa

3

trois

telo

4

quatre

efatra

5

cinq

dimy

6

six

enina

7

sept

fito

8

huit

valo

9

neuf

sivy

10

dix

folo

11

onze

iraikambinifolo

12
douze

roambinifolo

13
treize

teloambinifolo

14
quatorze

efatrambinifolo

15
quinze

dimiambinifolo

16
seize

eninambinifolo

17
dix-sept

fitoambinifolo

18
dix-huit

valoambinifolo

19
dix-neuf

siviambinifolo

20
vingt

roapolo

100
cent

zato

1.000
mille

arivo

1.000.000
million

tapitrisa

anglais

Anglisy

anglais américain

Anglisy amerikana

chinois mandarin

Fiteny sinoa mandarina

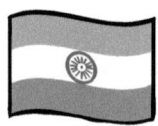

hindi

Hindi

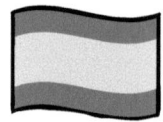

espagnol

Espaniola

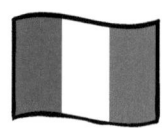

français

Frantsay

arabe

Fiteny arabo

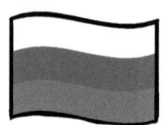

russe

Fiteny rosiana

portugais

Portogey

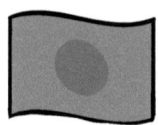

bengali

Bengaly

allemand

Alemà

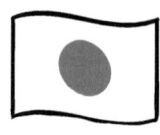

japonais

Japoney

je

izaho

tu

ianao

il / elle / ce, c', cela

izy / io

nous

isika

vous

ianao

ils / elles

zareo

Qui ?

iza?

Quoi ?

inona?

Comment ?

ahoana?

Où ?

aiza?

Quand ?

oviana?

nom

anarana

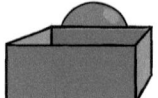

derrière

aorina

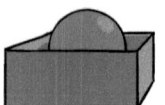

dans

anaty

devant

anoloana

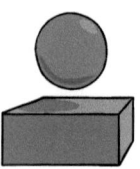

au-dessus

any

sur

ambony

en-dessous

ambany

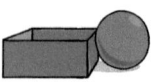

à côté de

ankila

entre

afovoany

lieu

toerana